RÈGLEMENT

ARRÊTÉ

PAR LE ROI,

SUR

L'UNIFORME DES OFFICIERS GÉNÉRAUX & autres Employés dans ſes Armées & dans ſes Places.

Du 2 Septembre 1775.

A PARIS,
DE L'IMPRIMERIE ROYALE.

M. DCCLXXV.

RÈGLEMENT

ARRÊTÉ PAR LE ROI,

Sur l'Uniforme des Officiers généraux & autres Employés dans ſes Armées & dans ſes Places.

Du 2 Septembre 1775.

DE PAR LE ROI.

SA MAJESTÉ ayant, par ſes précédentes Ordonnances, réglé les uniformes de ſes différens corps de Troupes, & jugeant qu'il étoit également néceſſaire, pour le bien de ſon ſervice, d'établir l'uniformité dans l'habillement des Officiers généraux, des Commiſſaires des guerres, des Officiers-majors des Places & des Armées, & autres Employés pour le ſervice de Sa Majeſté, à l'effet de détruire les variations que l'on y a ſucceſſivement introduites, & de déterminer d'une manière fixe & immuable l'uniforme qu'ils devront porter à l'avenir, SA MAJESTÉ a arrêté & réglé ce qui ſuit :

CHAPITRE PREMIER.

De l'Uniforme des Officiers généraux.

LES Lieutenans généraux & Maréchaux de nos camps & armées, porteront l'habit uniforme de drap bleu, doublé de ſerge de ſoie de même couleur ; la veſte, qui ſera doublée de ſerge blanche, ſera de couleur écarlate ; & la culotte de même couleur : les poches ſeront coupées en travers *(le derrière des habits ne ſera point croiſé)*. Les paremens fermés en bottes, & le collet de l'habit ſeront de même drap bleu ; les boutons ſeront de métal jaune, du modèle uniforme gravé à la *planche V, n.º 1.er*

Il y aura deux uniformes pour chacun deſdits Officiers, un grand & un petit ; ils ſeront ſans revers. Les paremens auront cinq pouces & demi de hauteur apparente ; & le collet ſera droit, de douze lignes de hauteur.

L'habit grand uniforme ſera bordé d'une broderie de filés d'or paſſé, ſans paillettes, clinquans, lames, bouillons en or friſé : chacune des deux portions du deſſin ſera enfermée par un agrément de broderie dentelée, dont les crans ſeront diſpoſés de façon à ſe rapporter les uns dans les autres, pour ne laiſſer que le plus petit intervalle poſſible ; ladite broderie ſera large de vingt-deux lignes, non compris la baguette dentelée en feſton ou crête ; elle ſera large de deux lignes, & bordera l'extrémité extérieure de ladite broderie, conformément au deſſin gravé ſur la *planche I.re*

Le devant de l'habit ſera garni de douze boutons d'un ſeul côté, juſqu'à la poche ; il y en aura trois ſur chaque parement & à chaque poche : le collet ſera brodé du même dessin de broderie, réduite en proportion de la largeur réglée pour le collet.

La veste, qui sera également bordée de la même broderie que l'habit, sera garnie sur le devant de douze à treize boutons, proportionnément à la taille desdits Officiers, & de trois boutons à chaque poche.

L'habit grand uniforme des Lieutenans généraux, sera distingué par une double broderie formant quatre rangs aux poches, compris celui de la patte, de largeur égale, & par deux aux paremens. La veste sera bordée de la même largeur de broderie que l'habit, & la poche ne sera garnie que de trois rangs de broderie, y compris celui de la patte. La seconde ou double broderie des paremens & des poches ne sera point accompagnée de baguette.

Les Maréchaux-de-camp porteront le grand uniforme semblable à celui des Lieutenans généraux, en supprimant la double broderie des paremens & des poches.

Le petit uniforme des Officiers généraux, sera composé & exécuté ainsi qu'il a été réglé pour le grand uniforme; à l'exception de la broderie, dont le dessin sera réduit à moitié de la largeur prescrite, en sorte qu'elle n'aura qu'un pouce de largeur, y compris la baguette dentelée, laquelle n'aura point lieu à la seconde ou double broderie des paremens & des poches de l'uniforme des Lieutenans généraux.

Les mêmes distinctions ci-dessus prescrites, concernant le grand uniforme des Officiers généraux, seront observées pour chaque grade dans l'exécution des petits uniformes.

Les Officiers généraux qui seront Commandans de régimens ou corps particuliers, pourront en porter l'uniforme, & ils auront un plumet blanc à leur chapeau, pour qu'on les puisse distinguer.

Défend Sa Majesté à toute personne, de quelque qualité, condition ou grade qu'elle soit dans l'armée, de porter aucun plumet, si elle ne se trouve dans le cas du précédent article.

Le chapeau des Officiers généraux, sera bordé d'un galon d'or, sans lames ou clinquans, large de vingt lignes, du dessin réduit de la broderie uniforme.

Les Lieutenans généraux porteront les redingotes de couleur bleu-de-roi, garnies d'un collet de la hauteur de quinze lignes, accompagné d'une rotonde large de quatre pouces; bordées sur le devant & autour du collet & des poches, qui seront en long, d'une broderie réduite à huit lignes de largeur. Ils auront aux paremens & aux poches, pour distinction, la double ou seconde broderie sans baguette.

Les Maréchaux-de-camp porteront la redingote de même qu'elle est réglée pour les Lieutenans généraux, en supprimant la double broderie des paremens & des poches.

Les manteaux que les Lieutenans généraux & les Maréchaux-de-camp pourront porter, seront également de couleur bleu-de-roi, avec un collet de six pouces de largeur, dont le pourtour sera bordé d'une double broderie pour les Lieutenans généraux, & d'une simple pour les Maréchaux-de-camp; & la broderie sera du même dessin de l'habit, réduit à huit lignes de largeur, & il ne pourra y avoir d'autre broderie sur le surplus du manteau.

L'équipage du cheval, composé de housse & chaperons, sera de velours cramoisi, brodé du dessin de la broderie uniforme.

Les Lieutenans généraux auront une double broderie, vulgairement appelée *à la bourgogne;* savoir, une réduite à dix lignes, laquelle sera précédée d'une baguette large de deux lignes; & une large de vingt-deux lignes, qui n'aura point de baguette.

Les Maréchaux-de-camp auront la seule broderie

large de vingt-deux lignes, précédée d'une baguette de deux lignes de largeur.

CHAPITRE II.

De l'uniforme des Commiſſaires des guerres.

L'HABIT uniforme des Commiſſaires des guerres, ſera de drap gris-de-fer foncé, le collet de même drap, droit, élevé de quinze lignes, le parement de drap écarlate de cinq pouces apparens, & la doublure de ſerge de même couleur que le parement; l'habit ſera bordé d'une broderie de filés d'or paſſé, ſans autres paillettes ou bouillons que ceux qui ont été réglés conformément au deſſin gravé *(planche II)*.

Elle ſera large de dix-huit lignes & demie, du deſſin ci-deſſus réglé, à colonne torſe, lacée de feuillages & fleurons; ladite broderie ſera ſur le bord de l'étoffe, accompagnée d'une baguette de filés d'or brodé, paſſé, de la largeur d'une ligne & demie; en ſorte que la totalité de la broderie, y compris la baguette, n'excédera pas vingt lignes de largeur: le devant de l'habit ſera garni de dix boutons de métal doré, uniforme au deſſin *(planche V, n.° 2)*.

Il y en aura trois ſur chaque parement & trois à chaque poche, qui ſera garnie de trois rangs de broderie, dont un ſur la patte, un au-deſſus & l'autre au-deſſous; le derrière de l'habit ne ſera point croiſé.

La veſte ſera de drap écarlate, elle ſera brodée de la même broderie que l'habit, & les poches garnies de même.

La culotte ſera de même écarlate.

Les Commiſſaires-ordonnateurs porteront le même uniforme ci-deſſus réglé, en ajoutant pour diſtinction, un ſecond rang de broderie aux paremens, & un quatrième à chaque poche.

Lesdits Commissaires pourront porter un petit uniforme, qui sera des mêmes couleur & forme ci-dessus réglées, en substituant à la broderie prescrite, un galon en ruban large de douze lignes du dessin réduit qui a été réglé pour la broderie; les boutons seront les mêmes de métal doré.

Les redingotes uniformes desdits Commissaires, seront de drap gris-de-fer de la nuance prescrite; les paremens de drap écarlate seront fermés, ainsi que l'avant-bras, par quatre petits boutons; le collet élevé de quinze lignes, accompagné d'une rotonde de largeur de quatre pouces, sera de drap écarlate : les poches seront en long ; les redingotes seront bordées d'un galon tressé d'or large de huit lignes.

Les collet, rotonde & paremens, seront bordés d'un double galon pour les Commissaires-ordonnateurs.

CHAPITRE III.

De l'uniforme des Officiers-majors des Places.

LES Officiers de l'État-major des Places, porteront les habits non croisés, en drap de couleur bleu-de-roi, garnis de boutonnières de filés d'or ou de galons d'or de trois lignes de largeur de chaque côté jusqu'à la poche; ils seront doublés d'étoffe rouge, la veste & la culotte seront d'étoffe de laine écarlate : l'habillement sera garni de boutons de cuivre doré, du dessin gravé *(planche V, n.º 3)*.

Les Gouverneurs, qui seront Officiers généraux, continueront de porter l'uniforme réglé pour leur grade. Les Gouverneurs, qui ne sont point Officiers généraux, porteront un double galon d'or sur l'habit; l'un en bordé large d'environ douze lignes, & l'autre à côté de dix-huit lignes de largeur, du dessin gravé *(planche III)*;

le tour des poches & des manches, & les basques du derrière, seront galonnés dans la même forme.

Les Lieutenans de Roi porteront sur l'habit le simple bordé de galon d'or de douze lignes; le tour des poches & des manches sera de plus garni d'un galon large de dix-huit lignes. L'un & l'autre seront du même dessin que celui des Gouverneurs.

Les Majors porteront seulement le bordé de galon avec boutonnières d'or, sans aucun agrément de plus aux manches & aux poches.

Les habits des Aides-majors auront pareillement des boutonnières d'or, des deux côtés jusqu'à la taille, sans bordé.

Ceux des Sous-aides-majors ou Capitaines des portes, n'auront des boutonnières que d'un seul côté.

Chacun desdits Officiers majors des Places, portera des épaulettes distinctives de son grade.

SAVOIR;

Le Gouverneur, une double épaulette de tresse d'or, garnie de franges d'épinards, nœuds de cordelières & cordes à puits.

Les Lieutenans de Roi n'en porteront qu'une seule de même espèce sur l'épaule gauche.

Les Majors porteront la double épaulette, de tresse d'or, garnie de simples franges.

Les Aides-majors n'en porteront qu'une seule sur l'épaule gauche, semblable à celle des Majors.

Les Sous-aides-majors ou Capitaines des Portes, ne porteront que l'épaulette à tresse d'or, mêlée de soie bleue, dont il sera formé des carreaux; la frange qui terminera l'épaulette sera mêlée en proportion.

Les Gouverneurs, Lieutenans de Roi, Colonels ou autres Officiers ou Milices municipales, ne pourront porter, en cette qualité, aucun habillement uniforme, ni épaulettes distinctives, qui sont uniquement affectées aux caractères des Officiers militaires, pourvus de brevets ou de commissions de Sa Majesté.

Sa Majesté défend également à toutes personnes de

quelque qualité & condition qu'elles ſoient, de porter ou faire porter aucun habillement uniforme & aucunes épaulettes, s'ils ne ſont pourvus de commiſſions ou brevets d'emplois militaires.

CHAPITRE IV.

De l'uniforme des Officiers de l'État-major des Armées, & de ceux employés en qualité d'Aides-de-camp.

LES Officiers de l'État-major des armées, porteront l'habillement uniforme de drap bleu-de-roi, doublé d'une étoffe de même couleur; le devant de l'habit & de la veſte des Officiers qui ſeront Aide-major ou Aide-maréchal-des-logis, ſera garni juſqu'à la poche de huit boutonnières de chaque côté en broderie de fil d'or paſſé, ſans clinquant ou paillettes, de deux boutonnières de même au parement, & de trois à chaque poche, ſuivant le deſſin gravé *(planche IV)*; les boutons ſeront de cuivre doré, du deſſin gravé *(planche V, n.° 4)*.

Les Officiers de l'État-major qui ſeront en chef, porteront ſur leurs habits un bordé en broderie, du même deſſin que les boutonnières, réglé *(planche III)*, à moins qu'ils ne fuſſent Officiers généraux, auquel cas ils porteront l'uniforme affecté à leur grade.

Les Officiers qui auront la permiſſion d'accompagner, en qualité d'Aides-de-camp, les Officiers généraux qui ſerviront dans leſdites armées, ſeront tenus de porter, pendant tout le cours de la campagne, des habits non croiſés, d'étoffe de laine de couleur bleu-de-roi, doublés de ſerge de même couleur, garnis de boutons de cuivre doré, du deſſin gravé *(planche IV, n.° 5)*, ſans aucunes boutonnières ni broderies de filés d'or.

CHAPITRE V.

De l'Uniforme du Corps du Génie.

L'UNIFORME des Ingénieurs du Corps du Génie, ſera de drap de couleur bleu-de-roi avec revers, collet & paremens de velours noir, liſérés de rouge, la doublure de ſerge rouge, les veſte & culotte d'étoffe de laine rouge, le revers ſera garni de chaque côté de ſept petits boutons, trois gros au-deſſous, cinq ſur chaque poche ordinaire coupée en travers, un ſur chaque anche & cinq ſur chaque parement; les boutons ſeront jaunes, godronnés & timbrés au milieu d'un corcet d'armes & pot en tête en relief, ſuivant le deſſin gravé *(planche V, n.° 6)*.

Chaque Ingénieur portera l'épaulette & la dragonne affectée au grade d'Officier dont il aura la commiſſion; l'Ingénieur en chef portera deux épaulettes comme les Majors.

Les Lieutenans en ſecond du Corps, attachés à l'école de Mézières, porteront le même uniforme ci-deſſus réglé; à l'exception des revers, paremens & collet diſtinctifs qu'ils ne pourront porter qu'après qu'ils auront obtenu le brevet d'Ingénieur.

CHAPITRE VI.

De l'Uniforme des Ingénieurs-géographes des camps & armées du Roi.

LES Ingénieurs-géographes, attachés au département de la guerre, étant deſtinés à remplir les fonctions, ſoit ſur les frontières, ſoit dans les armées, &

Sa Majeſté voulant les faire reconnoître par un uniforme particulier qu'ils ſeront tenus de porter, ſoit en paix, ſoit en guerre, à l'effet de prévenir les inconvéniens qui pourroient devenir contraires & préjudiciables au bien & à la ſûreté des opérations de leur état, Sa Majeſté a ſtatué & réglé l'uniforme deſdits Ingénieurs-géographes ainſi qu'il ſuit:

L'habit ſera de drap ou d'étoffe de laine de couleur bleu-de-roi, doubles poches en long, qui ſeront chacune garnie de trois boutonnières & boutons, il ſera doublé de ſerge de laine de couleur blanche; les revers, paremens & collet, ſeront de drap aurore, liſéré de blanc; chaque côté de revers qui aura ſeize à dix-huit pouces de longueur, proportionnément à la taille des hommes, ſera garni de ſept petits boutons & boutonnières, le deſſous du revers ſera garni de trois boutonnières & boutons à diſtance égale, le parement aura quatre pouces de hauteur, le deſſous ſera fermé par des coutures & le deſſus garni de trois boutons & boutonnières, les boutonnières ſeront exécutées en petit galon d'argent, large de trois lignes; l'habit ſera croiſé par-derrière.

Les boutons ſeront de métal blanc, ſuivant le deſſin gravé *(planche V, n.° 7)*; ils ſeront empreints dans leur milieu d'une fleur-de-lys, fermée dans deux triangles placés en étoile, entourés de doubles cercles laſſés en chaînes; les gros boutons auront douze lignes de diamètre, celui des petits boutons ſera proportionné.

La veſte ſera de drap ou d'étoffe de laine blanche, garnie ſur le devant de douze boutons & d'autant de boutonnières de poil de chèvre de la couleur de l'étoffe, la patte de la poche ſera garnie de trois boutonnières de même, & de pareil nombre de boutons.

La culotte ſera auſſi d'étoffe de laine blanche.

Le chapeau ſera bordé d'un galon d'argent, ſans clinquant ou luiſant; le deſſin du galon ſera ſemé de triangles mêlés de fleur-de-lys.

Le ceinturon ſera de buffle blanc, de la largeur de deux pouces.

L'épée ſera à poignée d'argent, & la garde de cuivre doré.

La dragonne ou cordon d'épée, ſera mêlé de filés d'argent & ſoie aurore.

Les Ingénieurs-géographes porteront l'épaulette du grade d'Officier dont ils auront été pourvus par brevet ou commiſſion; elle ſera mêlée d'argent & de ſoie de couleur aurore, dans la même proportion qui a été réglée aux Officiers des troupes de Sa Majeſté.

Les ſurnuméraires Ingénieurs porteront l'uniforme réglé, à l'exception du revers & des boutonnières en argent qui en ſeront ſupprimées, & l'habit ſera garni de boutonnières exécutées dans la couleur de l'étoffe.

La houſſe & les chaperons uniformes des Ingénieurs-géographes, ſeront exécutés en drap aurore, bordés d'un galon d'argent, large de vingt-quatre lignes, du deſſin réglé pour le bord du chapeau.

CHAPITRE VII.

De l'Uniforme des Officiers réformés de l'Infanterie, Cavalerie, Huſſards, Dragons & Troupes légères.

LE ROI ayant jugé à propos de permettre aux Officiers réformés, pourvus de commiſſion, ou licenciés dans l'attente de rentrer au ſervice, la liberté de porter un uniforme qui, en leur donnant la marque diſtinctive de l'État militaire dont ils ſont profeſſion, puiſſe néanmoins les diſtinguer des Officiers attachés ou employés au ſervice actif de ſes régimens, & prévenir à ce moyen que l'uniforme deſdits Corps ne ſe trouve multiplié au point de ne pouvoir plus diſtinguer les Officiers en activité deſdits régimens entretenus, d'avec ceux qui n'y exercent aucun emploi; Sa Majeſté a ſtatué & réglé :

Que les Officiers réformés ou retirés du ſervice de l'Infanterie françoiſe, porteroient l'habit avec revers & parement de drap blanc, & le collet de velours vert-de-Saxe, la poche de l'habit coupée en travers, garnie de trois gros boutons, ſept petits boutons à chaque côté de revers, trois gros au-deſſous, l'avant-bras & le parement fermé par quatre petits boutons; doublures, veſte & culotte d'étoffe de laine blanche, boutons jaunes godronnés & chargés d'une roſette au milieu, conformes au deſſin gravé *(planche V, n.° 8)*.

Les Officiers réformés ou retirés du ſervice de l'Infanterie étrangère, porteront le fond de l'habillement des régimens dans leſquels ils auront ſervi, ou à la ſuite deſquels la commiſſion de leur grade auroit été attachée; ils ne porteront que le collet ſeul de couleur tranchante, lequel ſera de velours couleur de feu, pour le fond de l'uniforme en drap bleu, & de velours vert-de-Saxe pour le fond de l'uniforme en drap rouge; ils ſeront au ſurplus aſſujettis à la même coupe des poches & à la poſition des boutons qui ſeront les mêmes qu'il a été ci-deſſus réglé pour les Officiers de l'Infanterie françoiſe.

Les Officiers réformés ou retirés du ſervice des Corps de Troupes-légères, porteront le fond de l'uniforme en drap bleu, avec la diſtinction du collet en velours jaune-citron.

Les Officiers de l'Infanterie deſdits Corps, porteront les doublures, veſtes & culottes, d'étoffe de laine blanche; ceux des Dragons porteront la doublure, la veste & la culotte de couleur chamois.

Les Officiers réformés ou retirés du service de la Cavalerie, porteront le fond de l'habillement en drap bleu.

Les Officiers réformés ou retirés du service des Hussards & des Dragons, porteront le fond de l'habillement en drap vert.

Ils porteront les uns & les autres pour distinction, le collet seul de couleur tranchante en velours couleur de feu.

Les doublures, veste & culotte, seront de couleur chamois; ils observeront les mêmes formes, coupe de poches & position de boutons qui ont été ci-dessus réglées pour les Officiers de l'Infanterie françoise, à l'exception des Officiers de Hussards qui ne porteront point de revers & qui auront le devant de l'habit uniforme, garni de neuf boutonnières en cordonnet ou petit galon d'or de la largeur de trois lignes.

Chacun desdits Officiers portera, pour marque distinctive, les épaulettes attachées à la commission du grade dont il sera pourvu, en tresse d'or, lisérées ou mêlées de soie, de la couleur tranchante du collet de l'uniforme; elles seront garnies de franges dans les proportions prescrites pour les différens grades des Officiers entretenus en activité de service.

Veut & entend Sa Majesté que lesdits uniformes ci-dessus réglés, soient spécialement réservés aux Officiers qui auront obtenu par l'ancienneté ou la distinction de leur service, des pensions ou appointemens, la Croix de Saint-Louis ou celle du Mérite militaire; défendant à tous autres qui ont quitté leur emploi après avoir servi peu de temps, ou qui ont été réformés sans avoir été jugés susceptibles d'aucun traitement, de porter aucun uniforme.

CHAPITRE VIII.

De l'uniforme des Médecins & Chirurgiens-Inſpecteurs, des Médecins & Chirurgiens-majors & Aides-majors des Hôpitaux militaires, Citadelles, Forts & Châteaux du royaume, de ceux des Armées & des Régimens.

L'UNIFORME des Médecins-Inſpecteurs des Hôpitaux-militaires du royaume, & des premiers Médecins des armées, ſera compoſé d'habit, veſte & culotte de drap gris-de-fer foncé; l'habit ſera doublé de ſerge de même couleur: il ſera garni d'un collet renverſé de velours noir brodé aux extrémités de deux boutonnières en filés d'or paſſé. L'habit & veſte ſeront bordés d'un galon d'or, deſſin guilloché, de la largeur de huit lignes; les poches & paremens ſeront garnis d'un autre galon du même deſſin, large de ſeize lignes.

Les boutons uniformes ſeront de métal jaune, du deſſin appelé *limace*, & conformes au deſſein gravé *(planche V, n.° 9)*. L'habillement des Médecins des Hôpitaux militaires & des armées, ſera le même que celui ci-deſſus réglé pour les Médecins-Inſpecteurs, excepté que le double galon de ſeize lignes de largeur pour les paremens & les poches, ſera ſupprimé, & qu'il ne ſera bordé que du ſimple galon de huit lignes.

Les Médecins ſurnuméraires attachés aux Hôpitaux militaires, porteront l'habillement réglé à l'article ci-deſſus, en ſupprimant les deux boutonnières brodées du collet noir.

L'habit des Chirurgiens-inſpecteurs des Hôpitaux militaires du royaume & des armées, & celui des Chirurgiens-majors des armées, ſera de drap gris-mêlé, vulgairement appelé *gris-d'épine;* la doublure sera de couleur assortie; les paremens seront de drap rouge: la patte de la poche sera en long, garnie de trois boutons. La veste & la culotte seront de drap rouge. Les habit & veste seront bordés d'un galon d'or guilloché, large de huit lignes, & il sera ajouté un second galon de la largeur de seize lignes aux paremens & aux poches seulement; les boutons seront de métal jaune du dessin guilloché, & conforme au dessin gravé *(planche V, n.° 10).* L'habillement des Chirurgiens-majors des Hôpitaux militaires, Citadelles, Forts & Châteaux du royaume, sera des mêmes couleurs ci-dessus réglées, mais il ne sera garni d'aucuns galons; il portera sur le devant douze boutonnières d'or de chaque côté, & trois à chaque parement & poche; les boutons seront guillochés de métal jaune.

Les Chirurgiens-majors des régimens ou compagnies formant troupe, porteront l'habillement semblable en tout à celui des Chirurgiens-majors des hôpitaux militaires, à l'exception des boutons qui seront pareils aux boutons uniformes des Corps auxquels ils seront attachés.

Les Aides-majors Chirurgiens des hôpitaux militaires du royaume & des armées, porteront l'habit, parement, veste & culotte des mêmes couleurs & forme de poches ci-dessus réglées pour leur profession; mais le devant de l'habit ne sera garni que de six boutons & autant de boutonnières de filé d'or de chaque côté, détachées par un, deux & trois.

Les garçons Chirurgiens des hôpitaux militaires du royaume & des armées, & les Chirurgiens surnuméraires employés, porteront l'habit de drap de la couleur réglée de gris-d'épine mêlé, les poches en long, & les paremens, veste & culotte de drap rouge; les boutons seront de métal jaune guillochés, & les boutonnières seront exécutées en poil de chèvre, de la couleur du drap ſur lequel elles ſont appliquées; le devant de l'habit ſera garni de ſix boutonnières de chaque côté, détachées par un, deux & trois, de ſix boutons du côté droit, & de trois à chaque poche & parement.

Défend expreſſément Sa Majeſté aux Médecins & Chirurgiens, d'apporter aucun changement dans les couleurs des draps, largeur de galons, poſition des boutons, forme des poches, ou autre généralement quelconque, ſous tel prétexte que ce puiſſe être, à peine d'être contraints de faire faire de nouveaux uniformes auſſitôt qu'on s'apercevra des moindres changemens qu'ils auroient pu faire, & d'être privés de leur place en cas de récidive.

Dérogeant Sa Majeſté aux diſpoſitions des Ordonnances & Règlemens précédemment rendus, en ce qui ſe trouveroit contraire au préſent Règlement.

FAIT à Verſailles, le deux ſeptembre mil ſept cent ſoixante-quinze. *Signé* LOUIS. *Et plus bas*, LE M.AL DE FELIX DU MUY.

A PARIS,

DE L'IMPRIMERIE ROYALE.

M. DCCLXXV.

MODELE
DE BRODERIE POUR LES UNIFORMES DES OFFICIERS GÉNÉRAUX.

Grand uniforme.

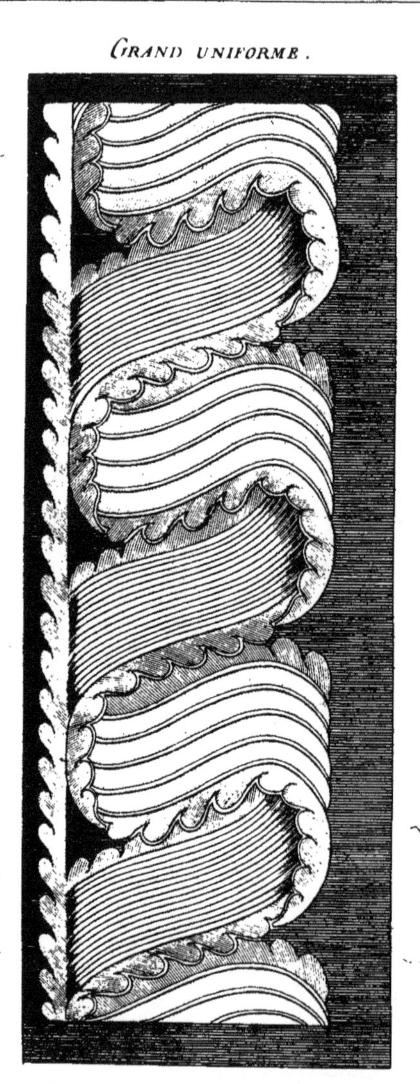

1 2 Pouces

Petit uniforme.

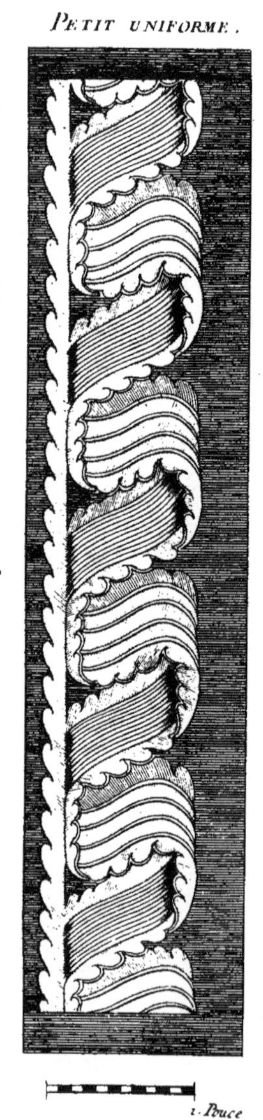

1 Pouce

Redingote.

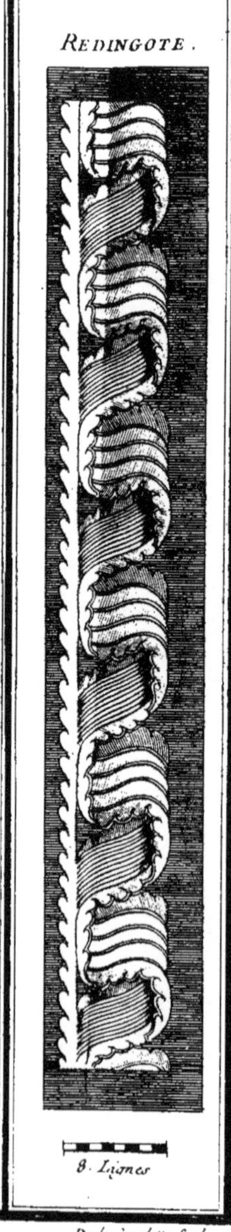

8 Lignes

De la Gardette Sculp.

MODELES DE BRODERIES,

POUR LES UNIFORMES DES COMMISSAIRES DES GUERRES.

GRAND UNIFORME.

Bordé de 20 Lignes de Large.

PETIT UNIFORME.

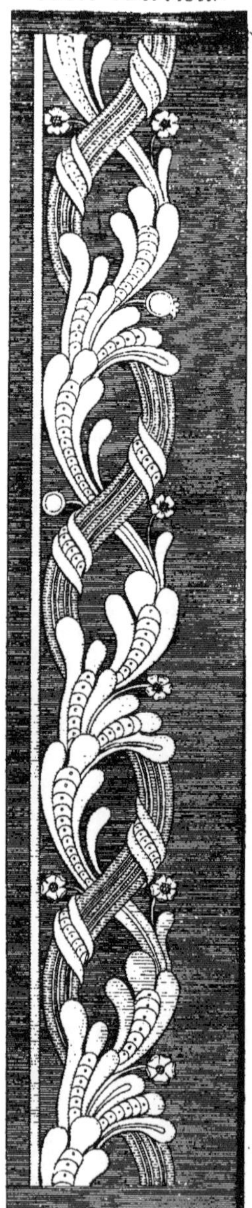

Bordé de 12 Lignes de Large, en Galon Ruban.

de la Gardette Sculp.

MODÉLES DES GALONS
POUR LES UNIFORMES DES OFFICIERS DE L'ÉTAT MAJOR DES PLACES.

GRAND GALON.

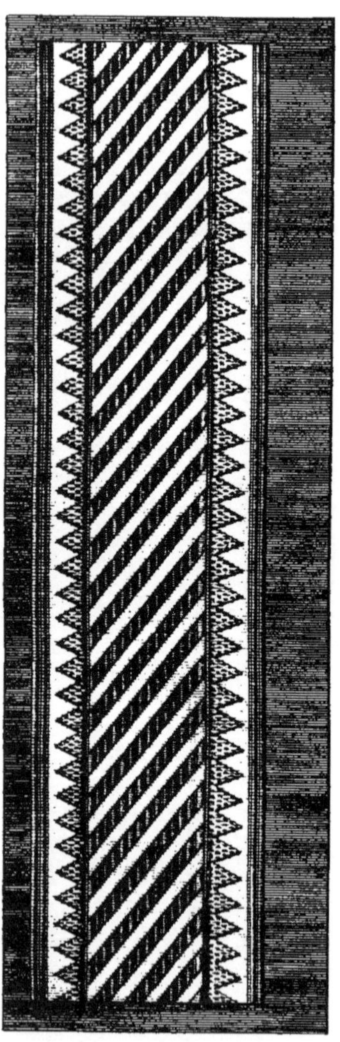

1 2 3 4 5 6 12 18 Lignes

PETIT GALON.

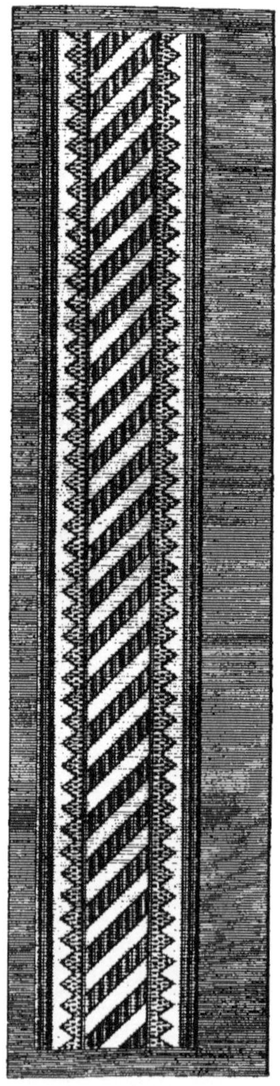

1 2 3 4 5 6 9 12 Lignes

R DES ARMÉES.

LE
DE GÉNÉRAUX DES LOGIS DE L'ARMÉE.

Pouces 6 Lignes de long sur un Pouce de large.

NÉRAUX DES LOGIS DE LA CAVALERIE.

Pouces 5 Lignes de long sur 10 Lignes de large.

MODELES DE BRODERIES
POUR LES UNIFORMES DES OFFICIERS DE L'ÉTAT MAJOR DES ARMÉES.

LE MARÉCHAL GÉNÉRAL DES LOGIS DE L'ARMÉE.

Bordé de 15 Lignes de largeur y compris la Baguette.

LE MARÉCHAL GÉNÉRAL DES LOGIS DE LA CAVALERIE.

Bordé de 13 Lignes de largeur y compris la Baguette.

LE MAJOR GÉNÉRAL.

Bordé de 9 Lignes de largeur.

AIDES MARÉCHAUX GÉNÉRAUX DES LOGIS DE L'ARMÉE.

Huit Boutonnieres de 4 Pouces 6 Lignes de long sur un Pouce de large.

AIDES MARÉCHAUX GÉNÉRAUX DES LOGIS DE LA CAVALERIE.

Huit Boutonnieres de 4 Pouces 5 Lignes de long sur 10 Lignes de large.

AIDES MAJORS GÉNÉRAUX.

Huit Boutonnieres de 4 Pouces 5 Lignes de long sur 9 Lignes de large.

PLANCHE V

MODELE
DE BOUTONS DE DIFFÉRENS UNIFORMES.

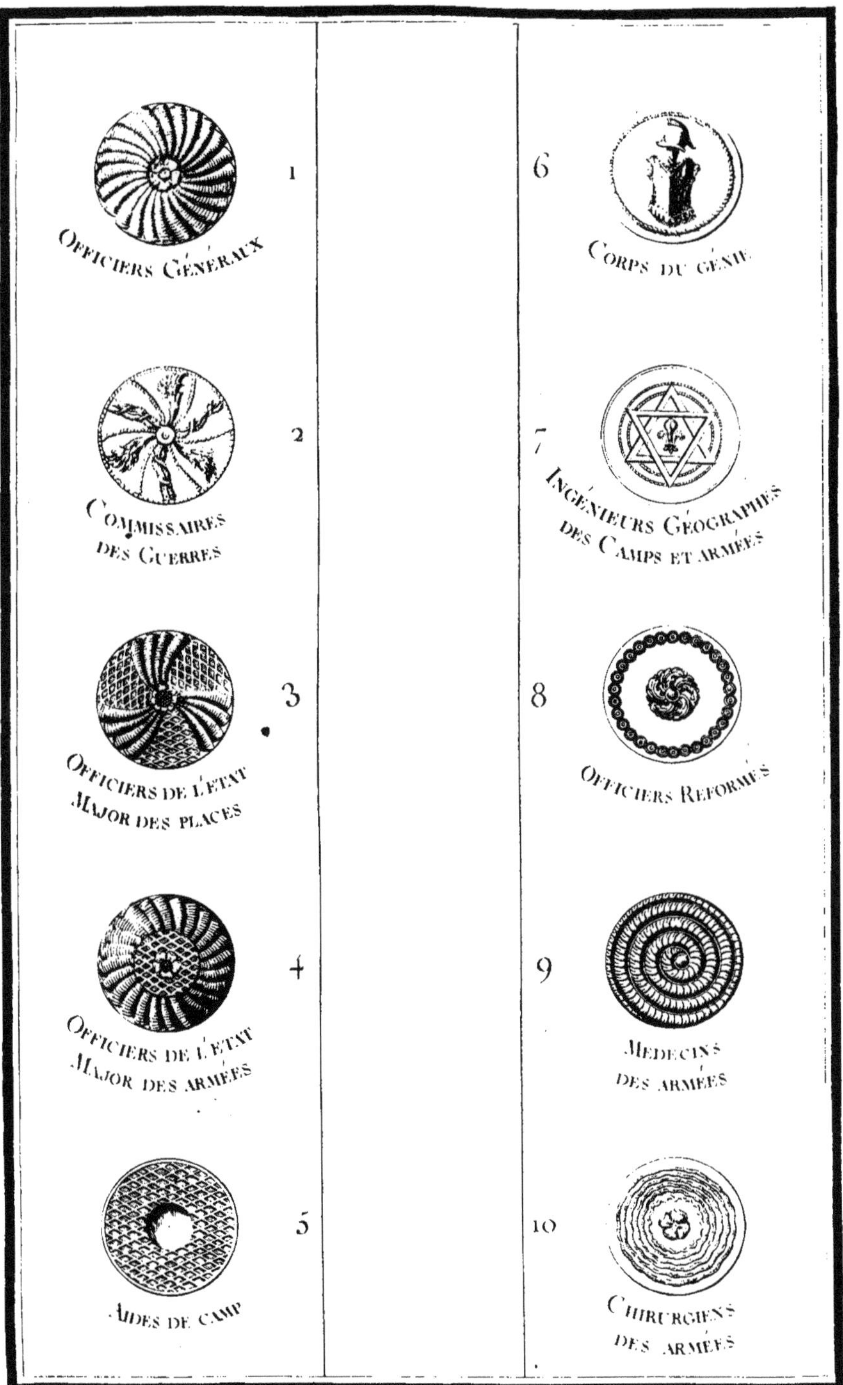

www.ingramcontent.com/pod-product-compliance
Ingram Content Group UK Ltd.
Pitfield, Milton Keynes, MK11 3LW, UK
UKHW020530180726
13839UKWH00005B/2425